KAMPENWAND
VERLAG

ISBN: 978-3-947738-91-5

Raiffeisenstr. 4 · D-83377 Vachendorf
www.kampenwand-verlag.de

4. Auflage 2021
Illustration: Mireille Schäublin
Korrektorat und Lektorat: Lektorat Guaia

Versand & Vertrieb durch Nova MD GmbH
www.novamd.de · bestellung@novamd.de · +49 (0) 861 166 17 27

Printed in Czech Republic
FINIDR, s.r.o. · Lípová 1965 · 737 01 Český Těšín

Die magische Wichteltür

Wichtel Schabernack Ideen

Sandra Pirl

Widmung

Dieses Buch möchte ich allen wundervollen Mamis und Papis dieser Welt widmen, die sich jeden Tag aufs Neue Gedanken machen, wie sie ihren Kindern ein wundervolles, buntes, liebevolles, kreatives und fantasievolles Leben bereiten können.

Dieser Dank gilt insbesondere meiner eigenen Mama, die sich stets "ein Bein ausgerissen" hat, damit es uns Kindern gut geht.

Danke Mama

Inhalt

Einzug des Weihnachtswichtels

Plötzlich liegen Nussschalen auf dem Boden! Woher kommen die bloß? Und das ganze Glitzer, das zu einer Wichteltür in der Wand führt? Offenbar hat sich ein Wichtel eingefunden und macht sich nun bemerkbar.

Wichtel, die kleinen Weihnachtshelfer, ziehen gerne mal vorübergehend bei netten Familien ein. Aus dem Nichts erscheint zum Beispiel eine magische Wichteltür, die es den Wichteln ermöglicht, in ihr zauberhaftes Zuhause einzutreten oder auch zwischen verschiedenen magischen Türen zu reisen.

Nur wenn der Wichtel mit seinem Zauberstab den richtigen Spruch aufsagt, öffnet sich der Eingang zu seinem Haus. Für uns ist alles, was sich hinter dieser Tür befindet, unsichtbar.

Auf gar keinen Fall dürfen Menschen versuchen die Wichteltür zu öffnen. Sie könnte sonst für immer verschlossen bleiben und der Wichtel könnte nie mehr wiederkommen.

Die Wichtel beschützen Heim und Hof und insbesondere ihre Menschen. Besonders wichtig ist es ihnen, dass ihre Gastgeber glücklich und zufrieden sind. Daher suchen sie immer nach Möglichkeiten ihre Lieben zu erfreuen und sind aus diesem Grund sehr fleißige Helfer. Zum Beispiel wird schon mal der Frühstückstisch gedeckt oder ein kleines Geschenk bereitgelegt. Aber ab und an bringen sie mit ihrem Schabernack auch ein bisschen Unsinn ins Haus.

Die Kinder freut's – uns Erwachsene auch!
In diesem Buch geht es um genau diesen Schabernack, den der Wichtel so gerne treibt. Denn weder Mama noch Papa würden einfach so Mehl auf der Arbeitsfläche verteilen oder etwas auf den Spiegel schmieren, oder?

Je mehr wir Erwachsene uns auf diese fantastische Geschichte einlassen, umso mehr werden auch unsere Kinder in die Wichtelwelt eintauchen und diese in ihrer Fantasie vollends aufleben lassen.

Mit diesem Buch möchte ich Ihnen eine Reihe von Ideen an die Hand geben, welche kleinen Unfälle und welch Schabernack, gemeinsam mit ihrem Weihnachtswichtel, in Ihr Haus einziehen könnte.

Ich wünsche Ihnen und Ihrer Familie eine geheimnisvolle, bunte und turbulente, schöne Vorweihnachtszeit mit Ihrem liebevollen und Schabernack treibenden Weihnachtswichtel.

Herzliche Grüße,

Ihre
Sandra Pirl

Vorwort von Jorik

Hallo!

Ich heiße Jorik Pirblinson, bin 173 Jahre alt und komme ursprünglich aus Schweden.

In den letzten Jahren bin ich recht viel unterwegs gewesen und darf nun als Weihnachtshelfer viele liebe Familien kennenlernen und sie in der Vorweihnachtszeit unterstützen.

Meine Hobbys sind Geschenke einpacken, stricken, Plätzchen backen und vor allen Dingen, Plätzchen essen!

Ich bin ein freundlicher Wichtel, fast immer fröhlich und gutgelaunt.
Wir Wichtel schlafen am Tag (denn da sind einfach viel zu viele Menschen unterwegs) und sind in der Nacht aktiv. So können wir natürlich ganz besonders gut über unsere Menschen wachen und sie beschützen.

Mir liegt es am Herzen den Menschen, bei denen ich vorübergehend einziehe, mit meinen Späßen die Zeit zu vertreiben. Manchmal passiert es allerdings, dass ich etwas tollpatschig bin, mir kleine Fehler unterlaufen oder kleine Unfälle passieren. Das ist aber alles nicht böse gemeint! Ehrlich!
So ist es übrigens generell mit uns Wichteln.

Da ich mit so neumodischen Geräten nicht umgehen kann und darüber hinaus auch gar keinen Fotoapparat besitze, habe ich die liebe Mireille Schäublin gebeten, ein Porträt von mir zu zeichnen (das Bild kannst Du vorne auf dem Cover sehen). Nun weißt Du, wie ich aussehe, aber was wir Wichtel so alles können und treiben, das wirst Du in Kürze erfahren!

Ich freue mich sehr Dich und Deine Familie kennenzulernen, und natürlich auf eine tolle gemeinsame Vorweihnachtszeit.

Ich komme auf jeden Fall mal kurz vorbei, um mit Eurem Wichtel / Wichteline eine Tasse Kakao zu trinken und lasse mir berichten, was Ihr schon so Nettes mit Euren Kindern gebastelt habt.

Ich wünsche Euch schon jetzt

Frohe Weihnachten!
Euer
Jorik

Jetzt geht es also los!

Herzlich Willkommen zu mehr als 200 liebevoll gemeinten Schabernack-Ideen und mehr als 30 Bastelideen, die so oder so ähnlich, am Morgen von den Kindern vorgefunden werden könnten.

Mal mit erklärendem Brief oder einer Notiz von ihrem Wichtel, mal ohne!

Den Schabernack bitte altersgemäß auswählen und platzieren.
Was für kleinere Kinder noch schwer zu erfassen ist, ist für größere Kinder gerade richtig und was für diese vielleicht schon zu lahm und langweilig ist, lässt gerade die kleinsten Kinderaugen strahlen.

Die vielen Ideen, sollten natürlich nicht alle in einem Jahr umgesetzt werden! Denken Sie auch schon an das nächste und übernächste Jahr. Die meisten Familien finden so sehr Gefallen an der Wichtelidee, dass die Wichtel gerne im Folgejahr wiederkommen. Mancherorts bleibt der Wichtel inzwischen sogar über das ganze Jahr bzw. kommt immer mal wieder kurz vorbei.

Viel Spaß beim Ausprobieren!

Schabernack im Kinderzimmer

Kleiderwechsel

Weihnachtswichtel toben sich über Nacht gerne in Schubladen und Schränken aus, sie…

- vertauschen Pullover und Shirts,
- rollen Socken auseinander,
- oder knoten sie zusammen,
- verteilen Socken im Kinderzimmer und hängen sie sogar auf. Denn sie geben eine wirklich schöne Deko ab!
- Nanu?! Wie kommt denn bloß das Hemd da oben hin? Der Wichtel hat mit Krepp leichte Kleidung an den Türrahmen befestigt!

Spielzeug verstecken

Die Wichtel sehen, wie viel Spaß die Kinder mit dem Spielzeug haben und natürlich wollen sie dann auch damit spielen! Sie:

- verstecken die Spielzeuge,
- vertauschen die Spielzeuge der Geschwister, weil sie gerne mal wieder aufräumen wollen.
- Dann will der Wichtel mit einem Spielzeugauto fahren. Dabei fährt er wohl gegen eine Wand, lässt das Auto

stehen und hinterlässt eine kleine Spur.

- Puzzle für 1001 Nacht
- Der kleine Wichtel stellt über Nacht einfach das Puzzle fertig!
- Oder vielleicht versteckt er fünf Puzzleteile im Zimmer? Damit sie leichter zu finden sind, hinterlässt er, wie bei einer Schnitzeljagd Tipps, wo er die Teile deponiert hat.
- Warum die Puzzleteile nicht einmal anders nutzen!? Wie hoch man wohl einen Turm aus Puzzleteilen bauen kann?

Spielzeuge aufstellen

Offenbar hat der Wichtel eine Rede gehalten und hat alle Kuscheltiere um sich herum versammelt. Womöglich wollte er seine Rede für die Wichtel-Weihnachtsfeier, vor Publikum üben.

- Die Kuscheltiere wurden im Zimmer oder auf der Treppe aufgestellt.
- Vielleicht hat der Wichtel auch das ein oder andere Kuscheltier auf das Regal gesetzt, weil es von hier oben viel schöner ist!
- Er hat außerdem alle Spielfiguren im Haus eingeladen und hatte mit ihnen gemeinsam viel Spaß! Deshalb sitzen sie alle vor oder um das Wichtelhaus herum.
- Die Spielzeugautos sind in einer Reihe oder im Raum verteilt. Der Wicht wollte verschiedene Autos ausprobieren oder sogar ein kleines Rennen gegen andere Spielzeuge fahren!
- Gemeinsam spielen macht eben mehr Spaß! Der Wichtel hat zum Kartenspielen eingeladen. Drei Spielgefährten, seien es Kuscheltiere oder Puppen, sitzen im Kreis zusammen und vor ihnen liegen Spielkarten.

- Das gilt natürlich auch für alle anderen Brettspiele, wie Mensch ärgere Dich nicht usw.
- Magnetisches Spielzeug, zum Beispiel Tonie-Figuren, Magnetbuchstaben für die Tafel usw. könnten an ungewöhnlichen Orten aufgehängt werden (Kühlschrank / Treppenhaus / Türzargen aus Metall usw.).

Carrera-Bahn aufbauen

Auch ein Wichtel will mal Auto fahren!

- Daher baute er die Carrera-Bahn (oder eine andere Bahn) auf und testete sie!
- Das Auto steht noch auf der Bahn und der Wichtel hat Fußspuren oder andere Hinweise hinterlassen.
- Das Spielzeugauto ist nicht mehr an seinem Platz! Der Wichtel fuhr wohl damit herum.
- Und wo ist die komplette Zugstrecke geblieben? Vermutlich wollte der Wichtel mit dem Zug spielen und baute eine komplette Bahn auf (z. B. auch an ganz ungewöhnlichen Orten wie im Bad, im Keller oder in der Küche).
- Der Schelm liebt das Risiko und Herausforderungen. Daher baut er gerne Schikanen beziehungsweise Hindernisse auf beispielsweise aus Legosteinen oder aus selbstgebastelter Pappe.

Legosteine für den Wichtel

Legosteine haben die perfekte Größe für den Wichtel!
Das hat ihn dazu gebracht, einfach selbst etwas zu bauen!

- Ein kleines Lego-Dorf erinnert ihn an sein Zuhause.
- Schneemänner aus Lego würden auch super in seinen Garten passen.
- Mit einem Lego-Turm kann der Wichtel das Zimmer

einmal von oben betrachten.
- Eine Treppe hilft auf so manche Möbel zu gelangen.
- Auf einer Lego-Bank kann der Wichtel eine gemütliche Pause einlegen. Diese passt besonders gut in seinen Vorgarten.
- Ein kleines Nebenhaus, komplett aus Lego, direkt im Kinderzimmer, ist für den Wichtel etwas Feines! So kann er sogar noch besser auf die Kinder aufpassen, wenn sie ihm ein Häuschen bauen.

Basteln & Malen

Wichtel spielen nicht nur gerne, sie malen und basteln auch!

- Manchmal malt er schöne Bilder für die Kinder.
- Ab und an bastelt er! Dann kann es leider schon einmal vorkommen, dass er ganz müde ins Bett geht, ohne vorher aufzuräumen.
- Er hängt fertige Sterne an die Fenster.
- Scheren wurden mit Tesafilm zusammengeklebt.
- Bastelutensilien liegen verstreut auf dem Tisch.
- Mit Wasserfarben hat er leider über das Bild hinaus auf den Tisch gemalt (nicht zu empfehlen bei empfindlichen und/oder echten Holztischen!).

Bequem soll es sein

- Offenbar wollte der Wichtel es gemütlich haben! Dabei hat er alle Kissen im Haus zusammengetragen und auf einen Haufen gelegt.
- Er hat sich ganz tief eingebuddelt und ein bisschen ausgeruht.
- Vielleicht liegt noch ein Buch herum oder Kekskrümel, die von seiner Pause auf dem Kissenberg zeugen.

Der Wichtel liest gerne

Da Wichtel bekanntlich Geschichten mögen, hat er sich ein Buch stibitzt.

- Das Buch liegt auf dem Boden, in einem anderen Raum oder auf dem Bett.
- Eine Seite ist aufgeschlagen und der Wichtel wünscht sich, dass ihm vorgelesen wird.
- Der Wichtel nutzte die Bücher, um eine Treppe zu bauen. Nun müssen wir sie wieder einsortieren!
- Auch das, aus Büchern gebaute Häuschen, fällt auf den Wichtel zurück! Aus Büchern kann auch gut ein Gehege oder Ähnliches gebaut werden, um gefährliche Spielzeug-Dinos etc. einzusperren.

Schabernack in der Küche

Auch die Küche ist vor dem Weihnachtswichtel nicht sicher. Dann hoffen wir, dass er hier weniger Unsinn treibt, oder zumindest etwas aufräumt! Auf jeden Fall hinterlässt er hier die meisten Spuren. Da hat der Wichtel doch glatt versucht, selbst Kekse zu backen und oh nein, was ist das…?

Zauberhafte Milch

Da das Frühstück bekanntlich die wichtigste Mahlzeit des Tages ist, versüßt uns der Wichtel dieses mit einer Portion Fröhlichkeit!

- Daher hat er einen Tropfen Lebensmittelfarbe in die Frühstücksschüssel gegeben! Sobald Milch dazu kommt, färbt sich nicht nur das Frühstück bunt, sondern auch der neue Tag!
- Auch die Milch selbst, kann direkt mit Lebensmittelfarben eingefärbt werden. Wenn man sich Milch aus der Milchtüte in die Tasse gießt, so ist diese plötzlich rosa statt weiß.
- Wundervoll ist es auch, wenn sich nicht nur die Farbe, sondern auch der Geschmack ändert! So könnte unser kleiner Schelm z. B. Erdbeerpulver in die Milchtüte geben und so gibt es am Frühstückstisch einen unerwarteten Milchshake statt normaler Milch zu trinken.

- Der Wichtel hat einfach alle Nüsse oder Rosinen aus dem Müsli gegessen (oder sie in eine Reihe aufgestellt)!
- Eine kleine Spur aus Cornflakes verrät, dass der Wichtel auch hier genascht hat.
- Die Milchtüte war leer! Daher hat der Weihnachtswichtel die Müslischalen mit Joghurt gefüllt. Das Müsli kommt als Topping obendrauf!

Spuren im Sand?

Wohl eher im Mehl! Spuren lassen sich gut mit Wattestäbchen produzieren, sowie mit den eigenen Fingern oder auch mit Playmobil- oder ähnlichen Figuren.

- Für das kleine Loch in der Mehlpackung ist bestimmt der Wichtel verantwortlich, oder?
- Hat der Wichtel doch glatt den Zuckerpott oder die Mehltüte umgeworfen und ist durchgetapst.
- Nutella ist sehr begehrt und so finden sich überall Kleckser.
- Ebenso eignen sich alle anderen klebrigen oder pulverförmigen Lebensmittel wie:
- Speisestärke, Puderzucker, Rohrohrzucker, getrocknete Linsen und Erbsen, Schoko- und Zuckerstreusel, Marmelade, Honig, Sirup usw..

Altpapier 2.0

Wichtel sind bekanntlich sehr kreativ! Gerade mit Altpapier lässt sich vieles erschaffen, unglaublich was man daraus alles basteln kann… Aber natürlich hat der Wichtel wieder einmal alles liegen gelassen.

- Er hat sich in der Küche ein kleines Haus gebaut.
- Nanu? Hat der Wichtel wohl die Zeitung von gestern herausgekramt und versucht das Rätsel zu lösen?
- Der Wicht hat sich aus Pappe doch glatt eine Rampe gebaut, auf der er mit seinem Schlitten heruntergefahren ist! Er hat sogar Spuren im Schnee (z.B. aus Mehl) hinterlassen.
- Er hat Kleister angerührt und angefangen mit Altpapier z. B. einen Pappmaché -Tannenbaum zu basteln. Leider ist er nicht ganz fertig geworden, was für ein Glück, dass er mit so lieben Kindern zusammenwohnt, die ihm sicher bei der Fertigstellung helfen.
- Überall in der Küche liegen geknüddelte Papierbälle herum! Der Wichtel wollte gerne eine Schnellballschlacht veranstalten. Da sich Schnee im Haus nicht gut hält – hat er halt Schneebälle aus Papier genutzt.

Der Wichtel und das Essen

Eurem Wichtel geht es so richtig gut! Deswegen hilft er euch gerne im Haushalt. Dabei versucht er immer wieder, nicht von den Leckereien zu naschen. Meistens bleibt es aber bei dem Versuch! Was soll's - er ist eben ein Süßer.

- Er hat morgens bereits den Tisch gedeckt und hinterlässt einen kleinen Brief als Dankeschön für Eure Gastfreundschaft.
- In einer Reihe aufgereiht, liegen fein säuberlich Kaffeebohnen oder Kaffeepads, die zur Kaffeemaschine führen. Mit frischem Kaffee am Morgen können Mama und Papa gut in den Tag starten.
- Der Wichtel bemalt die gekochten Frühstückseier mit lustigen Gesichtern, damit der Morgen schon fröhlich beginnt.

- Manchmal sitzt ihm der Schalk im Nacken…
- Da denkt man, man hat ein frisch gekochtes Ei am Frühstückstisch und wenn man es öffnet, ist man überrascht, dass es noch völlig roh ist und sich der Eiglibber auf dem Tisch oder dem Teller verteilt. Igitt!
- Der Wichtel hatte Lust auf eine Mandarine, hat es aber nicht mehr bis zum Mülleimer geschafft. Die Schalen müssen nun leider andere wegbringen.
- Die Mandarinen in der Küche hat der Wichtel ebenfalls bemalt! Nun lächeln die Früchte die Kinder an.
- Die Abdrücke in der Butter kommen wohl auch vom Wichtel.
- Keiner weiß, wie das Kuscheltier oder das Spielzeug in den Kühlschrank kommt. Vielleicht hat der Wichtel es dort vergessen, als er vor Hunger nachschauen wollte, was es Leckeres zu essen gibt.
- Der Aufschnitt aus der Tupperdose liegt schön aufgefächert und angerichtet auf einem Teller oder einer Platte bereit.
- Er hat sogar schnell noch Kartoffeln für die nächste Mahlzeit geschält und sie, in einen Topf mit Wasser, in den Kühlschrank gestellt.
- Die Brotscheiben haben komische Löcher! Da hat der Wichtel die Plätzchenausstecher bemüht und süße Brotstückchen für die Kinder vorbereitet.
- Er vergisst seinen Löffel im Dessert und natürlich kleckert er auch etwas herum.
- Nüsse nascht er besonders gerne, doch er vergisst immer die Nussschalen wegzuräumen.

Plätzchen für den Wichtel

Na sowas? Wo kommen denn die Ausstechförmchen her? Hat der Wichtel etwa Hunger?

- Der Wichtel wünscht sich neue Kekse, daher hat er sogar sein liebstes Backrezept dagelassen.
- Er hat sich ein Backbuch geschnappt und das Rezept markiert, das seine Menschen für ihn backen sollen.
- Der kleine Helfer konnte offenbar nicht lange warten und hat schon was von den Keksen genascht.
- Auch liebt er Kekse, die ihm vor die Tür gestellt werden!
- Ohje, er wollte schon anfangen, jetzt liegt das ganze Backzubehör kreuz und quer in der Küche herum.
- Der Weihnachtswichtel hat für seine Menschen ganz alleine einen Keksteig zubereitet, der nun im Kühlschrank wartet. Leider hat er vergessen, wieder aufzuräumen.
- Die gebackenen Kekse hat er über Nacht in Schokolade getunkt oder schön mit Streuseln u. ä. verziert.

Purer Schabernack

In der Küche gibt es aber auch wirklich so viele Möglichkeiten und Gelegenheiten, um ein bisschen Unsinn zu treiben. Da kann ein Wichtel einfach nicht anders!

- Er hat mit Tesafilm die Ketchupflasche zugeklebt. So kommt natürlich nichts mehr heraus, ob das seine Menschen direkt bemerken? Tesafilm benutzt er generell sehr gerne, denn damit kann er auch Salz, Pfeffer, die Kakaodose und vieles mehr zukleben.
- Wichtel spielen für ihr Leben gern im Schnee! Weil draußen im Moment kein Schnee liegt, hat er sich einfach etwas Mehl gemopst und ein paar Schnee... äh… Mehlengel auf dem Tisch hinterlassen.

- Oh weh! Plötzlich sind alle Töpfe und Pfannen aus der Küche verschwunden. Er hat sie in die Badewanne getragen und Wasser eingelassen. Na, das ist aber ein großes Spülbecken!
- Die am Abend vorbereitete Brotdose für die Kinder, ist am nächsten Morgen leider leer: Immerhin entschuldigt sich der Wichtel mit einer Notiz lieb dafür, aber es sah einfach zu lecker aus!
- 1,2,3,4 Eckstein – alles muss versteckt sein! Das hat sich der Weihnachtswichtel gedacht und so versteckte er das Besteck, die Töpfe oder die Tassen. Wie mühsam ist es, alles wiederzufinden.
- Mit einem dicken Edding hat er Gesichter auf Konserven gemalt und sie im Kreis aufgestellt.
- Wackelaugen lassen Schöpflöffel, Pfannenwender & Co. zum Leben erwecken. Wenn diese zusammen aufgestellt werden, sieht es so aus, als hätten sie eine Versammlung und würden sich beraten.
- Die Tabs für die Spülmaschine sind verschwunden… ob der Weihnachtswichtel dafür verantwortlich ist? Jetzt müssen wir wie früher, alle gemeinsam von Hand spülen und abtrocknen.

Oh weh!
Das Badezimmer!

Der Wichtel geht gerne auf Erkundungstour. Auch im Bad gibt es viele Möglichkeiten sich auszutoben.

Buntes Wasser

- Grünes Wasser? Hier hat der Wichtel Lebensmittelfarbe an die Düse des Wasserhahns gepinselt.
- Ebenso könnte er etwas Farbe in den Toilettenspülkasten tröpfeln. Eine schöne Überraschung, wenn das Wasser benutzt wird!

Der Wichtel und das Klopapier

Auch das Papier wird nicht verschont! Denn der Wichtel hat viel Spaß daran, hochzuhüpfen und das Papier abzurollen. Doch leider ist er zu klein, um es wieder aufzurollen.

- Das ist aber gar nicht so schlimm, denn Klopapier kann man auch wunderbar als Girlande benutzen, um was auch immer damit zu schmücken.
- Er baut sich ein kleines Nest aus WC-Papier und verspeist sogar einige Nüsse in seinem kleinen Lager!
- Er nutzt das Papier zum Schreiben oder Malen.
- Ist das eine Mumie? Selbst die Spielsachen der Kinder

entkommen dem Wichtel nicht: Da hat er sie doch glatt mit Klopapier eingewickelt!

- Wer kleine Bastelstanzer hat, kann auch entsprechende Muster (ein Locher tut's auch) ins Klopapier stanzen. Danach wieder aufrollen! Das wird beim nächsten Klogang eine Überraschung.

Wichtel im Spiegel

Wichtel sind sehr neugierig. Besonders, wenn sie sich selbst im Spiegel betrachten können!

- Dabei malt er mit Seife auf den Spiegel.
- Mit Klebestreifen klebt er Engel, Tannenbäume und selbst Wichtel auf den Spiegel.
- Da der Wichtel dem Papa beim Rasieren zugesehen hat, will er es auch einmal testen! Und dabei landen Spritzer vom Rasierschaum auf dem Spiegel (dies kann nur kurzfristig vorbereitet werden, da der Rasierschaum schnell zusammenfällt bzw. herunterrutscht).
- Er malt mit Fensterkreide einen Schnurrbart auf den Spiegel und jeder, der jetzt in der passenden Höhe in den Spiegel schaut, wird sich selbst kaum wiedererkennen.
- Mit Fensterkreide hinterlässt er einen fröhlichen Gruß, so dass wir gut gelaunt in den neuen Tag starten können.

Cremes & Co. für den Wichtel

Nicht nur, dass der Schelm den Weg ins Badezimmer gefunden hat, er hat es auch noch geschafft, die Tuben und Cremes zu öffnen.

- Dabei landen Cremereste auf dem Türgriff.
- Zahnpastatropfen sind im Waschbecken verteilt.
- Und auch der Spiegel bekommt Tropfen ab!

- Woher kommt bloß der Schaum im Wasser? Wollte der Wichtel ein warmes Bad im Waschbecken nehmen?
- Mit Malseife kann man tolle Flecken und Nachrichten im Waschbecken oder der Badewanne hinterlassen.
- Die kleine Leiter, die vom Waschbecken herunterhängt, hat dem Wichtel wohl geholfen!
- Aber die Handtücher, die auf dem Boden liegen, hätte er ruhig wieder zusammenfalten können!
- Wo sind denn nur die Handtücher geblieben, hat der Weihnachtswichtel schon wieder Verstecken gespielt?
- Der Schelm hat es geschafft, den Wasserhahn zu bedienen, und lässt kleine Boote im Waschbecken oder der Badewanne segeln.
- Er hat sich wohl gedacht, Frischluft sei etwas Feines… aber die kalte Morgenluft im Badezimmer war dann doch zu viel des Guten!

Nachrichten vom Wichtel

Sie werden gerne an Fliesen, Spiegel und Fenster angebracht. Egal ob es ein persönlicher Gruß, ein Tagescredo oder nur eine kleine Zeichnung ist, die Kinder werden diese sicher mit Freude begrüßen. Dafür eignen sich besonders:

- Wasserfarben,
- farbige Seifen,
- Glasstifte,
- Whiteboard-Marker und
- Fensterkreiden.

Die warme Stube und der Tannenbaum

Unsere Wohnstube beziehungsweise das Wohnzimmer haben Wichtel besonders gern! Nicht nur, weil es immer schön warm darin ist, sondern auch, weil hier alle zusammenkommen! Doch auch in diesem Raum bekommt der kleine Wicht immer wieder Lust, Unsinn anzustellen.

- Die Sofakissen sind verschwunden. Stattdessen hat er einen Brief hinterlassen, in dem steht, dass wir es uns nicht zu gemütlich machen und lieber eine Runde draußen spielen sollen.
- Die Sofakissen wurden zu einer kleinen Burg aufgebaut.
- Die Weihnachtsdekoration wurde vom Wichtel zu einer Treppe umgebaut, damit er auch auf die Schränke hinaufkann!

Der Wichtel mag Musik

Besonders die Weihnachtslieder haben es ihm angetan!

- Wenn die Kinder oder die Familie zusammen Weihnachtslieder singen oder spielen, bedankt er sich sicherlich mit einer Kleinigkeit!
- Spielt das Kind ein Instrument? Dann wünscht sich der Wichtel bestimmt ein kleines Lied.

- Vielleicht ist der Wichtel in einer musikalischen Familie und hat sogar Noten hinterlassen?
- Gibt es im Haus eine Toniebox und Kreativ-Tonies – könnten alle Kreativ-Tonies mit ein und demselben Lied bespielt werden – dem Lieblingslied des Wichtels! Das gilt natürlich auch für alle anderen Abspielgeräte.

Der Wichtel und der Fernseher

Vielleicht mag er die bunten Bilder des Fernsehers oder die fremden Geräusche?

- Der Fernseher läuft noch, hat der Wichtel etwa die ganze Nacht TV geschaut?
- Und wenn der Fernseher plötzlich doch mal ausgeht? Bestimmt spielte der Wichtel daran herum! (Den Timer stellen oder per Handyapp den TV ausschalten.)
- Vielleicht schaltet sich der Fernseher aber auch einfach ein – just in dem Moment, in dem ein Weihnachtsfilm beginnt. Danke lieber Wichtel, dass du den Fernseher für uns programmiert hast.
- Gemütlich sieht es aus. Auf der Couch sitzen mehrere Kuscheltiere und Puppen. Etwas Popcorn liegt verstreut herum – da hat der Weihnachtswichtel mit seinen Freunden zusammen einen Film geschaut.
- Die Fernbedienung funktioniert nicht mehr. Welcher Schelm hat da wohl die Batterien entfernt?
- Man kennt seinen Lieblingssender! Blöd nur, wenn der Kanal verstellt wurde und Kika (oder ein anderer Kanal) nicht mehr auf der “10”, sondern auf der “99” zu finden ist!

Die Dekoration

Die vielen Farben und Lichter, die großartigen Düfte und die Natur, die auch ins eigene Haus einzieht, alles wunderschöne Dekorationen zu Weihnachten, die auch dem Wichtel gefallen!

- Doch wo sind die Tannenzapfen geblieben? Hat der Weihnachtshelfer doch glatt einen gemopst und in seinen eigenen Garten gestellt!
- Der Wichtel hat uns ein Öllämpchen oder ein Räuchermännchen hingestellt, das sollen wir wohl ausprobieren.
- Eine Christbaumkugel ist verschwunden und findet sich im Garten des Wichtels wieder.
- Es ist sehr verwunderlich, wie der Wichtel alle Christkugeln einer Farbe vom Baum bekommen hat. Aber immerhin hat er sie alle an einer Stelle gesammelt!
- Eine Spur aus Tannenbaumnadeln führt zur Wichteltür! Er hat sich daraus einen eigenen, kleinen Tannenbaum gebaut.
- Eine große Freude! Der Wichtel hat allen Türen im Haus eine Dekoration verpasst. Vom Schneemann und Stern, bis hin zum Rentier - sogar ein schöner Türkranz ist vorhanden!
- Oh je! So viele Luftballons im Wohnzimmer. Er hätte die Familie ja ruhig einladen können zu seiner kleinen Party! Immerhin war die Musik leise, sodass sie niemanden geweckt hat.
- An jede Tür hat der kleine Wicht doch tatsächlich ein Glöckchen gehängt! Jetzt erklingen sie jedes Mal, wenn eine Tür geöffnet wird.

Nanu? Was ist bloß mit dem Licht?

- Der Wichtel hat wieder einmal Unsinn getrieben und die Glühbirnen herausgedreht!
- Auch die Lichterkette zog er heraus.
- Die Glühbirnen in den Deckenlampen erleuchten jetzt in einer anderen Farbe.
- Der Wichtel entfernte eine Lichterkette, um damit ein anderes Fenster zu erleuchten.
- Oh je! Da wurden die Kerzen durch Möhren ersetzt, dieser Wicht!
- Elektrische Teelichter leuchten uns in der Nacht und am Morgen den Weg.

Der Wichtel und die Weihnachtsteller

Die großartigen und leckeren Weihnachtsteller mit Keksen, Schokokugeln und Mandarinen: Sie wirken überaus verlockend auf den Wichtel. Aber um zu wissen, ob er die Sorten mag, muss er sie doch erst einmal probieren, richtig?

- Doch dabei knabbert er viele Kekse an, vermutlich um seine Lieblingssorte zu finden.
- Selbst die Mandarinen hat er stellenweise geschält und angeknabbert.
- Eine Spur aus Nüssen verrät den Kindern, dass der Wichtel naschend unter dem Weihnachtsbaum saß.
- Wo ist bloß der Nussknacker? Hat der Wichtel ihn etwa oben auf das Regal gestellt?
- Alle Nüsse im Haus sind verschwunden. Oh weh! Der Wichtel hat doch wohl nicht alle Nüsse aufgegessen? Aber das würde erklären, wieso ein großer Haufen Nussschalen auf dem Boden liegt.

Auch nach draußen geht der Wichtel

♡

Bevor Ihr nach draußen geht, solltet Ihr immer eure Schuhe kontrollieren! Denn neben kleinen Aufmerksamkeiten könnte der Wichtel Euch einen Streich gespielt haben.

Die Schuhe der Bewohner

- Da hat der Wichtel tatsächlich alle Schuhe aus dem Regal genommen und sie einfach vor die Tür gelegt!
- Ebenso hat er die Jacken von der Garderobe genommen, aber weil es so leer aussah, hängte er einige Schuhe hin. Die Jacken ließ er einfach so zu Boden fallen.
- Was ist nur mit den Schuhen von Mama und Papa los? Da steckt ja Lakritz statt der Schnürsenkel in den Schuhen!
- Die Schnürsenkel der Kinder wurden durch bunte Wollfäden ersetzt.
- Am Klettverschluss der Schuhe hängen Kletties oder Ähnliches.
- Erstaunlich wie das duftet, da hat der Schlingel Teebeutel in die Schuhe gesteckt. Auch wenn diese jetzt lecker riechen, aufgießen wollen wir den Tee vermutlich lieber nicht mehr.
- Auch Nudeln wurden schon in Schuhen gesichtet.

Zum Glück noch nicht gekocht!

- Da hat dieser Schelm über Nacht einfach die Schuhe miteinander verknotet:
  - von passenden Paaren,
  - von verschiedenen Schuhen
  - oder so, dass eine lange Reihe, sozusagen, eine „Schuhkette" entsteht.

Die Jacken und Mützen

Sogar die Jacken und andere Winter-Accessoires hat der Wicht ins Visier genommen.

- Der Wichtel hat die Ärmel zusammengebunden
- und alle Reißverschlüsse geöffnet oder geschlossen.
- Die Mützen und Handschuhe drehte er komplett auf links. Und mit den Mützen hat er sich den Spaß erlaubt, sie mit Taschentüchern zu füllen!
- Was sind denn das für dicke Jacken? Steckt jemand drin? Oh, da hat der Wichtel, dieser Schlingel, Ballons in die Jacken gestopft.
- Mit einem Bindfaden oder einem Schleifenband für Geschenke hat der Schelm jeden Ärmel von außen mit einer schönen Schleife zugebunden. So können die Hände nicht mehr durchschlüpfen.
- Wenn es mehrere Jacken in gleicher Größe gibt, hat der Wichtel einen besonderen Streich auf Lager. Er nimmt sich eine Jacke und verbindet die linke Reißverschlussseite mit der rechten Seite einer zweiten Jacke und das führt er so lange fort, wie er möchte oder wie es passt! Bitte vorsichtig probieren, nicht alle Reißverschlüsse sind wirklich miteinander kompatibel.
- Wusstest Du, dass auch Stühle und Kuscheltiere frieren? Wenn es arg kalt wird, hilft der Wichtel und zieht ihnen schon mal die Jacken der Kinder an!

Vor der Tür mit dem Wichtel

- Nanu? Wer hat bloß die Einfahrt vom Schnee befreit? So fleißig war der Wichtel! Und er hat noch viel mehr gemacht!
- Die Laterne mit Kerze vor dem Haus ist neu! Sie beleuchtet nun alles so schön.
- Und das Holz für den Kamin wurde bereits vor die Tür getragen.
- Im Garten oder auf dem Balkon kann der Wichtel sich natürlich auch austoben. Er stellt etwas, das links stand nach rechts oder umgekehrt.
- Vielleicht hat er auf dem Balkon auch ein Kuscheltier platziert, damit es in die Ferne schauen kann.
- Holzspäne könnten von seinem Wirken erzählen, hat er etwa wieder gebastelt?
- Vielleicht hat er ein Futterhaus für Eichhörnchen oder ein Vogelhäuschen aufgebaut, damit die kleinen schutzbedürftigen Tierchen auch bei Euch etwas zu fressen finden.
- Liegt mal so richtig viel Schnee, schafft es der Wichtel sogar einen Eimer davon ins Badezimmer zu schmuggeln. In der Dusche, der Wanne oder im Waschbecken hat er damit einen Mini-Schneemann o.Ä. gebaut.

Ganz allgemeine Ideen

Glücksbringer für die Kinder hinterlassen

Nicht jeder Tag ist einfach! Daher bastelte der Wichtel kleine Glücksbringer, die er gerne den Hausbewohnern schenken möchte. Ganz egal, ob gekauft oder gebastelt: die Gabe selbst und der Gedanke dahinter zählen.

- Kleine Anhänger, Armbänder oder Perlenschmuck.
- Kleine Engelsfiguren oder Engelsanhänger.
- Vierblättrige Kleeblätter.
- Glücksschweinchen.
- Hufeisen.
- Herzchen.
- Marienkäfer.
- Kleine Plättchen mit dem Namen des Kindes.
- Ein Armband aus Holzperlen.
- Glücksbringer aus Federn und Spiralen in verschiedenen Farben.
- Ringe, die mit Garn umspannt sind und einen kleinen Traumfänger ergeben.
- Namensperlen aus Holz.
- Auch kleine gehäkelte oder gestrickte Anhänger bringt der Wichtel.

Krankheit & Co

Wenn das Kind erkältet ist, möchte der Wichtel natürlich, dass es ihm schnell wieder gut geht!

- Darum verteilt er überall Taschentücher und Hustenbonbons.
- Der ganz spezielle „Werde-schnell-wieder-gesund-Tee“ vom Wichtel hilft bestimmt. (Pfefferminztee oder besondere Kindertees z.B. aus dem Drogeriemarkt.)
- Sollte jemand im Haus einen Gips tragen, verewigt sich der Wichtel nachts still und heimlich auf diesem und hinterlässt vielleicht sogar ein bisschen Zauberpulver, damit der Bruch ganz schnell verheilt.
- Zur Aufmunterung hinterlässt er auch ganz sicher eine Überraschung und ein paar nette Zeilen.

Handarbeiten

Der Weihnachtswichtel sah wahrscheinlich, wie Mama oder Papa etwas nähten, und wollte es ihnen gleichtun.

- Es hat das Hosenbein unten zusammengenäht! (Mit großen Abständen und einer dünnen Nadel von Hand nähen, so kann die Naht hinterher gelöst werden. Ohne, dass etwas zurückbleibt.)
- Ein kaputtes Stofftier wurde wieder zusammengenäht.
- Ein Loch in der Socke wurde mit einer ganz unpassenden und nicht gerade schönen Farbe geflickt. Lustig sieht es trotzdem aus!
- Garnrollen liegen verteilt auf dem Boden.
- Er hat sich selbst eine Decke gestrickt.
- Er hat für seine Mitbewohner etwas genäht, gestrickt oder gehäkelt.
- Besonders schön ist ihm das flauschige Kissen gelungen,

das er geknüpft hat.

- Ein Riss in einer Hose erhält Knopfaugen und aus dem Riss hängt eine Stoffzunge. Jetzt sieht der Riss wie ein lustiges, kleines Monster aus.
- Bunte Bommeln wurden an einen Strumpf oder Pullover genäht, das sieht aber komisch aus.
- Aus einer alten Socke wurde im Nu ein Püppchen gezaubert (siehe YouTube, Pinterest).

Auch Mama und Papa werden nicht verschont!

- Was hat Mama denn da im Gesicht? Über Nacht wurde ihr ein Schnurrbart mit Kajal aufgemalt! Ob sie es genauso lustig findet wie die Kinder?
- Der Wichtel hat Papas Bart abrasiert.
- Wie komisch! Mama hat ganz viele rote Punkte im Gesicht! Der Wichtel hat hier sein Unwesen getrieben! Glücklicherweise war es nur Lippenstift.

Weiterer Schabernack

Natürlich findet der Wichtel immer wieder etwas Neues, womit er die Bewohner des Hauses auf Trab halten kann!

- Von einem Blumenstrauß hat er doch tatsächlich eine Blume geklaut und geköpft. Die einzelnen Blütenblätter hat er im Wichtel-Vorgarten verteilt, weil es so schön aussieht. Was für ein Glück, dass die fehlende Blüte im Strauß fast gar nicht auffällt.
- Da hat er doch wirklich die Türen mit Malerkrepp zugeklebt. Und was für Mühe er sich gegeben hat, er hat viele Streifen von links nach rechts aufgebracht!
- Dabei hat er es doch nur gut gemeint und das Krepp sogar mit Weihnachtsmotiven bemalt!

- Oder er hat es mit Dekoration geschmückt, sieht doch eigentlich auch ganz gut aus!
- Er wollte gerne mit Tinte schreiben… Dabei sind ihm ein paar Kleckse auf das Papier getropft.
- Mit Zitronensaft und einem Zahnstocher oder sehr dünnem Pinsel hat er etwas aufs Papier geschrieben. Wird dieses etwa zwei bis drei Zentimeter über der Kerze erwärmt, erscheint auf dem Papier die Geheimschrift für die Kinder. Durch die Hitze verfärbt sich der Zitronensaft und wird sichtbar. Das Papier, lieber zu hoch als zu niedrig über die Kerze halten (es dauert etwa zehn Sekunden bis die Schrift sichtbar wird).
- Wer hier lieber auf Nummer sicher gehen will, kann das Papier auch bügeln!
- Ein anderer Wichtel könnte zu Besuch kommen. Wenn man einmal selber eine Nacht oder ein paar Tage nicht da ist und die Kinder Sorge haben, dass sich keiner um ihren Wichtel kümmert, könnte „unser" Wichtel ebenfalls verreisen (Seminar / Besuch bei Freunden / Fortbildung).

Der Wichtel und die Tiere

Natürlich liebt der Wichtel Tiere! Wenn ein Haustier bei Euch lebt, wird er es sicher nicht vergessen!

- Ein Hund mit einem Rentiergeweih (gibt es häufig in Ein-Euro-Läden) ist wirklich mal etwas anderes!
- Auch Nikolausmützen oder Schleifen können vorübergehend entzücken!
- Natürlich bekommt jedes Haustier etwas vom Wichtel! Spielzeug oder Leckerlis sind bestimmt dabei!
- Eine kleine Deko am Stall oder am Körbchen verzückt auch sicher das Haustier, oder?

- Die Kuscheldecke im Körbchen ist sehr bequem. Ob sich der Wichtel dazugesellt und dort ein Nickerchen hält? Welche Spuren wird er wohl hinterlassen? Vielleicht sein Lieblingskissen?

Aufgaben und Wünsche vom Wichtel an die Kinder

Der Wichtel ist stets bemüht, seiner Familie etwas Gutes zu tun! Und er gibt sich noch mehr Mühe, wenn sie ihm kleine Wünsche erfüllt.

- Er könnte sich ein Gedicht von den Kindern wünschen oder ein Lied, das sie vor seinem Häuschen für ihn singen.
- Zauberkörner (z. B. Maiskörner) sollen eingepflanzt oder mit Zauberpulver bestreut werden. Am nächsten Tag sind Süßigkeiten gewachsen!
- Der Wichtel hat „etwas“ verloren! Wenn die Kinder es wiederfinden und zu seinem Wichtelhaus bringen, bekommen sie zum Dank eine Überraschung.
- Der Wichtel möchte eine Schnitzeljagd machen! Dabei hat er verschiedene Hinweise versteckt, die die Kinder nacheinander finden und die kleinen Rätsel lösen müssen. Am Ende finden die Kinder eine kleine Überraschung. Natürlich dürfen Mama und Papa etwas helfen!
- Der Wichtel mag es gerne gemütlich. Manchmal fragt er seine Menschen, ob sie ihm etwas bauen möchten.
- Eine festliche Dekoration ist zu Weihnachten natürlich das A und O. Findet der Wichtel, dass noch etwas fehlt, vergibt er gerne Aufgaben wie Lichterketten aufhängen, Sterne basteln usw.
- Nach einem alten Brauch lässt er am Barbaratag, dem vierten Dezember, die Kinder gerne Zweige von den Obstbäumen schneiden. Sie werden in der Wohnung in

eine Vase gestellt. Dies soll im Folgejahr Glück bringen.

- Vielleicht stehen ja noch die Grußkarten an Familie und Freunde aus. Da kommt der Wichtel auf die Idee, dass seine Menschen ein paar Familienfotos für die Weihnachtskarten schießen könnten.
- Eine beliebte Aufgabe: Die Kinder sollen ihren Wunschzettel für Weihnachten schreiben. Das Wichtelmännchen kann diesen auch direkt mitnehmen, wenn er das nächste Mal in die Weihnachtswerkstatt fährt.
- Oder er bringt den fertigen Brief mit dem Weihnachtswunschzettel darin ins nächste Postamt. Es gibt verschiedene "Weihnachtsadressen", an die die Kinder Briefe schicken können und von dort sogar eine Antwort erhalten.

Hier gibt es die Adressen vom Weihnachtsmann, Christkind und Nikolaus:

https://www.deutschepost.de/de/w/weihnachtspost/weihnachtsmann-christkind.html

Der Wichtel und das Zauberpulver

Habt Ihr Zauberpulver vom Wichtel erhalten?

Dann benutzt es im richtigen Moment und Ihr könnt tolle Überraschungen erhalten! Meistens hinterlässt der Wichtel eine kleine Notiz mit genauen Vorgaben für den nächsten Zauber.

Als Zauberpulver eignet sich Glitzerstaub, feiner Vogelsand, auch Glitzersterne und andere Materialien können dafür umfunktioniert werden.

- Das Zauberpulver kann dann beispielsweise über ein Stück Alufolie auf einem Tellerchen gestreut werden. Am nächsten Morgen ist durch "Zauberhand" ein Plätzchenausstecher aus der Alufolie geworden.
- Der Wichtel stellte abends ein Hühnerei in oder vor den Garten. Die Kinder sollen es mit Zauberpulver bestreuen, so wird am nächsten Morgen ein Überraschungsei daraus.
- Wer den Taler nicht ehrt... aber was könnte wohl aus einem echten Geldstück gezaubert werden? Schokoladentaler!
- Umgekehrt geht es natürlich auch, da freut sich das Sparschwein.

- Aus kleinen Ästchen werden bunte Lutscher.
- Wasser, welches mit Lebensmittelfarbe eingefärbt wurde, wird zu Wackelpudding!
- Aus altem Papier wird ein schöner Stern.
- Aus kleinen Saaten oder Körnen wird Obst.
- Das Zauberpulver lässt über Nacht in einem Blumentopf mit Erde einen Schokoladenweihnachtsmann wachsen.
- Aus einem Kaugummi wird ein Luftballon.
- Auf einem Stück Papier werden eine oder mehrere schöne Musiknoten gemalt. Daraus entsteht am nächsten Morgen eine CD mit Weihnachtsliedern oder eine Toniefigur oder Ähnliches.
- Aus einem Haar wird ein Pinsel oder gleich ein ganzer Farbkasten, bestimmt sollt Ihr ein Bild malen.
- Aus einem Teelöffel Salz wird ein Salzteig (er muss luftdicht verpackt sein, sonst härtet er zu schnell aus und kann nicht mehr genutzt werden).
- Aus Anspitzer-Resten werden neue Buntstifte.

Für den Wichtel

Wir können so einiges für unseren Wichtel tun, damit er sich bei uns wohlfühlt. Auch wenn es sich manchmal dabei scheinbar nur um Kleinigkeiten handelt, machen ihn diese sehr glücklich.

- Wir können für den Wichtel einen kleinen Glücksbringer basteln, da der Wichtel uns ja auch viel Glück bringt.
- Selbstgebasteltes, zum Beispiel Sterne lässt jedes Wichtelherz höherschlagen.
- Gemalte Bilder verkleinert er mit einem Zauberspruch, damit sie in sein kleines Wohnzimmer passen.
- Da er Weihnachtsgedichte über alles liebt, können die Kinder ein Gedicht für ihn schreiben oder aufsagen.
- Schreiben wir dem Wichtel doch eine kleine Notiz oder einen Brief. So weiß er, dass wir an ihn denken.
- Manch ein Wichtel zieht nur mit seiner Tür ein und freut sich, wenn seine Menschen so nach und nach einen kleinen Vorgarten für ihn entstehen lassen.

Folgendes könntet Ihr zum Beispiel für ihn (auf-)bauen:

- eine Treppe,
- eine Leiter,
- eine Bank / Tisch / Stühle,
- ein Lagerfeuer,
- eine Lampe / ein Licht,

- verschiedene Dekorationen wie
    - Lichter,
    - Blumen,
    - Wiese / Moos,
    - einen Zaun,
    - Tiere.

- Ist der Wichtel krank geworden, versorgen wir ihn natürlich mit Taschentüchern und Medizin.
- Ab und an stellen wir dem Wichtel etwas Leckeres zu essen und zu trinken vor sein Haus.
- Abends schalten wir immer sein Lämpchen ein, damit er gut nach Hause kommt.

Ein paar kurze Bastelideen

Eine spezielle Bastelzeit gibt es eigentlich nicht, aber zu Weihnachten kommt es dann doch vor, dass selbst Bastelmuffel gerne wieder aktiv werden.

An dieser Stelle soll kein Bastelbuch ergänzt werden, es sollen einfach einige Anregungen gegeben werden.
Im Internet gibt es zahlreiche kostenlose Vorlagen und Anleitungen.

Hierbei sollte man nicht nur die Google-Suche bemühen – wer Pinterest noch nicht kennen gelernt hat, wird diese Online-Plattform schnell schätzen lernen. Hier gibt es unzählige Ideen, die man sich an seine eigenen „Pinnwände“ heften und sortieren kann. So sind sie abrufbereit, wenn man mal wieder eine neue Bastelidee benötigt.

Bitte seht daher die aufgelisteten Bastelideen eher als eine Liste mit Ideen für Schlagwörter beziehungsweise Suchwörter an, um bei YouTube, Pinterest & Co. entsprechende Vorlagen und Anleitungen zu finden.

Vielleicht bastelt ja der Weihnachtswichtel etwas für seine Familie – ganz besonders freut er sich aber, wenn er der Familie zuschauen kann, wie diese gemeinsam etwas bastelt.

Tannenbäume

- Sie lassen sich aus Papier und Pappe basteln, sowohl zweidimensional als auch dreidimensional.
- Tannenbäume aus Wollfäden, die mit Kleister oder Bastelkleber um einen Styroporkegel oder Trichter herum fixiert werden. Sobald alles getrocknet ist, anpinseln und dekorieren.
- Tannenbäume, die aus Tannenzweigen gebastelt werden.
- Mit Bügelperlen lassen sich ebenfalls schöne Tannenbäume oder generell Weihnachtsornamente gestalten.

Sterne

- Sterne können ebenfalls zwei- oder dreidimensional gebastelt werden.
- Mit vier Zacken oder für echte Profis schon mit acht Zacken?
- Als Fensterdekoration an Perlondraht hängen.
- Sterne, die von innen beleuchtet sind. Sterne können aus Fäden gebastelt werden, die mit Leim vermischt und in Form gebracht werden. Nach dem Trocknen ergibt dies ganz wundervolle Kreationen.
- Sind die Sterne aus Draht, können sie zusätzlich noch geschmückt werden.
- Auch aus aufgefädelten Perlen können wunderschöne Sterne entstehen.
- Sterne, die als Windlicht dienen und das Haus schön beleuchten!
- Vorgefertigte Holzsterne können weihnachtlich dekoriert und bemalt werden.

Kränze und Kerzen

- Kerzen können etwa aus alten Kerzenresten ganz leicht selbst gegossen und dekoriert werden.
- Ebenso kann ein Adventskranz, nur für die Kinder, gebastelt werden (natürlich mit elektrischen Kerzen).
- Styroporkränze können nach Belieben bemalt und gestaltet werden.
- Mit dünnen, langen Ästen könnt Ihr ebenfalls einen Kranz basteln.
- Schneemannkerzen selbst gestalten.
- Einmachgläser können von außen mit Seidenpapier und Sticker beklebt werden.
- Aus Papier eine weihnachtliche Silhouette ausschneiden und mit einem elektrischen Teelicht von hinten beleuchten.

Weitere Bastelideen

- Natürlich dürfen Rentiere und auch der Weihnachtsmann nicht fehlen.
- Zum Beispiel die Köpfe vom Schneemann, dem Weihnachtsmann und den Rentieren gestalten und als Tannenbaumschmuck nutzen oder ans Fenster hängen.
- Tannenzapfen können ausgehöhlt werden, so machen sie sich wunderbar als Teelichthalter!
- Alte Dosen aus Aluminium können bemalt und als Kerzenhalter oder Windlichter benutzt werden.
- Ebenso können bemalte Dosen mit Löchern, in Form von Sternen, versehen werden.
- Glöckchen und Glocken basteln und mit Mistelzweigen und Schleifen verzieren
- Natürlich kann auch der Baumschmuck komplett selbst gebastelt werden.

- Sowie kleine Glöckchen, mit denen der Baum geschmückt wird.
- Schleifen aus Dekorationsband für den Tannenbaum und für die Wohnung binden.

Fenstergestaltung

Besonders die Fenster bieten sehr viele Möglichkeiten, um kreativ zu werden!

- Nicht nur, dass sie mit Dekorationen verziert werden, es wird immer beliebter die Fenster mittels Fensterkreide direkt zu bemalen und zu gestalten.
- Einen stabilen Ast horizontal an das Fenster hängen und mit Sternen, Kugeln und Lichterketten schmücken.
- Die Fenster mit Schneespray dekorieren. Es können auch Schablonen genutzt werden, um eindrucksvolle Motive zu erschaffen!
- Verschiedene Motive wie Schneemänner, Sterne und Engel mit Tesafilm an die Fenster kleben.
- Mit Window Color können Bilder nach Vorlage erstellt und an die Fenster aufgebracht werden.
- Kleine Sterne können wie ein kleiner Vorhang vor den Fenstern herunterhängen.
- Silhouetten-Dekoration kann aus Pappe gebastelt und auf die Fensterbank gestellt werden.
- Auch ein kleines Häuschen kann selbst gebastelt, dekoriert und aufgestellt werden! Mit einer kleinen LED-Lampe darin sieht es wundervoll aus!
- Aus Papier und Pappe kann ein Weihnachtsdorf entstehen! Von den Häuschen und Bäumen bis hin zu den verschiedenen Farben sind der Fantasie keine Grenzen gesetzt.
- Selbstbemalte Christbaumkugeln lassen den Baum noch

schöner aussehen! (Die Kugeln können selbstverständlich aus Plastik sein.)

Nachwort

Natürlich bedeutet die Adventszeit für Eltern auch Stress. Aber wenn wir uns die strahlenden Augen unserer Kinder anschauen, wenn sie die kleinen Fußspuren des Wichtels im Mehl finden, verfliegt der Stress und wir erkennen dadurch, dass sich all der Aufwand gelohnt hat.

Die Weihnachts- und auch die Wichtelzeit ist reine Magie voller Zauber und kleiner Wunder. Sie erinnert jeden von uns daran, die Tage und auch die Familie immer wieder mit neuen Augen zu betrachten. Durch die Freude unserer Kinder dürfen wir selbst ein kleines bisschen wieder zum Kind werden.

Die Wichtel können uns dabei helfen, mit der Familie gemeinsam mehr Zeit zu verbringen und diese entgegen dem sonst so hektischem Alltag zu genießen und wieder etwas näher zusammenzurücken.

Diese besondere Magie der Weihnachtszeit, die wir im Kindesalter gespürt haben, verliert leider im Laufe der Zeit seine Wirkung.

Daher sollten wir sie so lange wie möglich nutzen und genießen.

Der Abschied vom Wichtel kann schwer sein und Tränen mit sich bringen, aber wenn der Wichtel per Brief einen lieben

Gruß hinterlässt und schreibt, wie schön er es gefunden hat und im nächsten Jahr bestimmt wieder kommt, fällt der Abschiedsschmerz gewiss geringer aus.

Manchmal verlieben sich Eltern und Kinder so sehr in die Wichtelidee, dass der Wichtel einfach über Weihnachten hinaus bei ihnen wohnen bleibt.

Damit der Reiz und der Zauber der Wichtelidee nicht abnehmen, ist der Wichtel jedoch nicht immer vor Ort.

Aufgrund seiner Reisen (um neue Ideen für die nächste Spielzeugproduktion zu sammeln oder um an Fortbildungen teilzunehmen und Wichtel-Freunde zu besuchen), ist er viel unterwegs und schaut immer mal wieder überraschend bei seiner Familie vorbei.

In diversen Facebook-Gruppen gibt es sogar gegenseitige Absprachen, bei denen die Nutzer Postkarten aus Urlaubsorten verschicken, an denen der "Wichtel" vermeintlich vorbeigekommen ist.

Falls Ihnen mein Büchlein gefallen hat, würde ich mich freuen, wenn Sie mir z. B. auf meiner Amazon-Autorenseite folgen mögen.

In Kürze erscheint mein erstes Kinderbuch:
„Die Schmunzelsteine aus Wichtelhausen"

Vielen herzlichen Dank für Ihr Interesse,

Ihre
Sandra Pirl

Hat dir das Buch gefallen?

♡

Wir freuen uns sehr, dass du unser Buch bis zu dieser Stelle gelesen hast. Wenn es dir gefallen hat, würden wir uns sehr freuen, wenn du ihm bei dem Online-Shop eine Bewertung gibst, bei dem du bestellt hast. Oder du schreibst bei einem deiner Lieblings-Buchportale eine Rezension. Wir freuen uns nicht nur sehr darüber, Meinungen zu unserem Buch zu lesen, es hilft uns auch dabei, weitere Werke zu schreiben und neue Leser für unsere Bücher zu finden.

Vielen Dank für deine Unterstützung!

Das könnte dir auch gefallen

Lisa und der Mond

Kinderbuch über eine zauberhafte Reise zum Mond – Entdecke die Magie und Schönheit auf der Erde und in deinem Leben.

Lisa und der Mond von Lisa Wirth
Sieh mal, das Leben ist wunderschön!
ISBN: 978-3-96698-996-1